Messages d'Amour,

De Lumière, d'Espoir et de Sagesse

De Maîtres Ascensionnés,

Anges & Archanges

Canalisés par Marie-Pier Langlois

Copyright © 2023 Marie-Pier Langlois
Site Web http://www.Ame-Esprit.com
Facebook https://www.facebook.com/espritdelame
ISBN : 978-1-7384646-0-9
Ce livre est publié par Plenitude Publishing © 2023
Site Web https://www.PlenitudePublishing.com
Contact wecare@plenitudepublishing.com

Tous droits réservés. Aucune partie de ce livre ne peut être reproduite, traduite, adaptée ou transmise sous quelque forme que ce soit, par quelque moyen que ce soit : graphique, électronique ou mécanique, y compris la photocopie, l'enregistrement audio, ou par tout système de stockage ou de récupération d'informations, à des fins privées ou publiques - sauf pour l'inclusion de brèves citations dans une revue, un article, un livre ou un article académique, avec référencement à l'auteure - sans l'autorisation écrite de Plenitude Publishing et cela pour tous pays.

L'auteure de cet ouvrage ne donne pas de conseil médical ni ne préconise d'utiliser une quelconque technique pour traiter des problèmes physiques, émotionnels ou médicaux, directement ou indirectement. Il est recommandé de demander l'avis d'un médecin en cas de nécessité. L'intention de l'auteure est uniquement de fournir des informations d'ordre général pouvant vous aider dans votre quête du bien-être physique, émotionnel et spirituel. Au cas où vous utiliseriez les informations contenues dans ce livre à des fins personnelles ou professionnelles, l'auteure et l'éditeur déclinent toute responsabilité au sujet de vos actes.

Remerciements

Ce recueil n'aurait pu voir le jour sans la divine guidance de mes guides et de tous ceux, maîtres ascensionnés, anges et archanges qui ont accepté de me livrer ces magnifiques messages d'Amour, de Lumière, d'Espoir et de Sagesse.

Dans ce parcours humain où les écueils et les souffrances ont fait souvent partie de ma vie, c'est un privilège d'être la messagère d'aussi beaux messages. J'espère avec candeur qu'il saura apporter apaisement et lumière à plusieurs d'entre vous.

Un merci tout spécial à Isabelle Boyer de la Giroday qui a cru à la valeur et à la portée de ces magnifiques messages. Merci Isabelle pour ton soutien, ta lumière, ta bienveillance et d'avoir accepté de publier ce recueil sous ta propre maison d'édition. Je me sens privilégiée que tu sois dans ma vie et je le vois comme une magnifique synchronicité de l'Univers. Par cette publication, tes compétences et ton expérience, tu sauras faire porter ces messages lumineux plus haut et plus loin pour rejoindre plusieurs âmes qui en ont grandement besoin.

Merci à mon mari ainsi qu'à mes enfants pour leurs présences lumineuses d'amour dans ma vie ! Vous m'apportez beaucoup de joie ! Sans l'appui de mon mari dans tous mes projets et sans la compréhension de mes enfants, ce recueil et l'accompagnement spirituel et énergétique que je dispense ne pourraient être possibles.

Mon cœur est rempli de joie et de gratitude ! Ce chemin parcouru n'aura pas été en vain car il m'a permis de canaliser ces lumineux messages pour permettre à plusieurs d'entre vous de trouver une certaine paix à laquelle votre âme aspire.

Gratitude!

Qui Je Suis

Je suis médium, magnétiseuse énergéticienne, passeur, clairvoyante, clairaudiente, clairsentiente, télépathe, numérologue du tarot et tarologue professionnelle, communicatrice animale, « empathe », hypersensible.

Je n'ai pas toujours eu connaissance de mes dons. Un important travail d'éveil de conscience et de guérison de mes blessures de l'âme, accéléré par les taux vibratoires élevés de la Terre, m'a permis de prendre davantage conscience de mon être, de mon âme et de ma mission de vie. Les énergies de ma numérologie du tarot m'ont également accompagnées en ce sens.

Je suis bachelière Universitaire en psychologie (je ne suis pas psychologue). Mes cours en communication animale, soins énergétiques et en tarologie, ma plus grande connexion consciente à mes guides et à mes vies antérieures, mes nettoyages énergétiques quotidiens, ainsi que la mission que mes chats sont venus réaliser avec moi m'ont permis de m'ouvrir à tous mes dons.

J'ai également un diplôme Universitaire en gestion des ressources humaines. Je suis conseillère depuis plus de 14 ans en gestion et en ressources humaines auprès de propriétaires de petites et moyennes entreprises dans la région de Montréal (Québec, Canada). Offrir de l'aide-conseil aux entrepreneurs est mon travail régulier.

Je dispense également de l'accompagnement spirituel et des soins énergétiques à distance et à temps partiel, ce qui m'amène un très grand sentiment d'accomplissement, lorsque je vois mes clients évoluer rapidement ! Retrouvez mes services de communication animale et d'accompagnement spirituel ainsi que les canalisations de mes guides sur mon site http://www.Ame-Esprit.com.

Vous pouvez également vous abonner à ma page professionnelle sur Facebook https://www.facebook.com/espritdelame. Sur cette page, je publie au quotidien des messages qui vous accompagnent dans votre cheminement personnel et qui expliquent mes services d'accompagnement spirituel, de communication animale et de soins énergétiques.

Marie-Pier

Table des Matières

Remerciements 3

Qui Je Suis 5

Introduction 9

Maître Ascensionné Maitreya 11

Maître Ascensionnée Lady Porta 13

Maître Ascensionnée Lady Nada 15

Maître Ascensionnée Mère Teresa 17

Archange Uriel 19

Ange Ariel 21

Maître Ascensionné Serapis Bey 23

Archange Raphaël 25

Archange Michel 27

Archange Jérémiel 29

Ange Reiyel 31

Maître Ascensionné Saint-Germain 33

Ange Lehahiah 35

Maître Ascensionné Maha Chohan 37

Archange Ariel 39

Maître Ascensionné Bouddha 41

Maître Ascensionnée Dame Karashu 43

Maître Ascensionné Ragoczy 45

Archange Gabriel 47

Maître Ascensionnée Lady Radiant One Ou Lady One 49

Maître Ascensionné Melchizedek 51

Introduction

C'est avec une immense joie que je vous présente ce recueil qui a été inspiré et réalisé à la demande de mes guides. Dans leur grande sagesse, ceux-ci m'ont accompagné dans le choix des maîtres ascensionnés, anges et archanges, afin qu'ils puissent vous délivrer leurs messages d'Amour, de Lumière, d'Espoir et de Sagesse. C'est avec bonheur et humilité que j'en suis la messagère, après les avoir canalisés.

Je vous invite à les lire et relire, en fonction de votre ressenti et de votre intuition, avec la certitude que chacun saura avec justesse, à un moment ou l'autre de votre vie, répondre à une question, à une douleur qui semble pour le moment sans issue et sans raison, et pour laquelle votre âme cherche un apaisement.

Comme cela a été si bien mentionné à maintes reprises par plusieurs maîtres, anges et archanges dans ce recueil, il se cache en vous un trésor de force, de puissance et de résilience. Ce parcours humain n'est présent que pour vous connecter davantage à l'Amour infini de l'Univers. Soyez assurés que chacun d'entre eux sera prêt à vous accompagner, si vous demandez en toute humilité leur divine guidance, car dans celle-ci se cache un trésor d'Amour, de Sagesse, de Lumière et d'Espoir.

Maître Ascensionné Maitreya

Chers humains, que vous êtes beaux à voir évoluer et pourtant, tant de choses sont un obstacle à l'expression de votre pleine Essence. Vous êtes pris dans une illusion où tout n'est que possession, où ce que vous avez est plus grand que ce que vous Êtes.

Vous devez, dans une juste part, vouloir vous connecter aux profondeurs de votre être pour développer une plus grande connexion à l'Univers. C'est par cet Amour de Soi, cette compassion, ce non-jugement, cette spirale d'involution qui vous ramène à votre être profond que la véritable évolution est possible. Vous ne comprenez pas toujours que c'est par l'Amour que vous saurez tant reconnaître votre valeur que reconnaître celles des autres et ce qu'ils ont à vous apporter.

Vous désirez que le chemin soit facile, sans heurt et sans difficultés, mais c'est le chemin le plus difficile qui est le plus fructueux et le plus connecté à votre essence profonde. Vous oubliez votre propre force intérieure, votre résilience et votre capacité à être simplement et c'est derrière ces qualités que se cache un trésor de découvertes sur vous.

Soyez confiants que dans sa grandeur, l'Univers veille sur vous, vous aime et vous chérit, vous accompagne tout au long de ce parcours sur Terre qui est parfois tortueux pour plusieurs d'entre vous. Et pourtant, plus les obstacles sont grands, plus la capacité de renaître dans une version de vous-même transcendée est possible et c'est à cette aspiration que vous devez vous connecter lorsque vous tremblez et pleurez devant vos difficultés.

Vous êtes maîtres et maîtresses de votre destinée et celle-ci n'est possible que lorsque vous serez connectés à cet Amour profond envers vous-même.

Maître Ascensionnée Lady Porta

Chers humains, l'éveil de conscience est en route. Soyez confiants que l'Univers voit tout et de grands défis karmiques attendent ceux qui sèment le mal autour d'eux. La justice des Hommes à des failles que l'Univers ne possède pas.

N'ayez pas peur, et soyez certains que tout arrive à point et que rien n'est un hasard. Certains humains doivent aller au bout de leurs bêtises et de leur égoïsme pour parvenir à un éveil d'une majorité qui permettra une plus grande justice humaine. Cette transition est en route vers des humains plus connectés à leur humanité.

Certains ont déjà reçu cette mission d'éveil de la collectivité et sont en préparation pour jouer leur rôle et leur mission de vie. D'autres, sont pleinement dans celle-ci. Ils devront affronter bien des critiques pour répondre à cet appel, mais cela sera leur défi karmique et fera partie de ce qu'ils sont venus faire sur cette terre. Le parcours sera difficile, mais ils sont venus pour accomplir cette grande tâche et contribuer à plus grand qu'eux.

De grandes transformations et de grands éveils seront possibles si vous décidez vous-même de devenir Amour. Cette connexion à l'Amour Universel sera possible par une plus grande connexion à votre humanité et dans le respect de tous les êtres vivants, incluant la nature. Vous êtes connecté au grand tout et c'est dans cette connexion que vous trouverez la Paix intérieure et l'Amour. Vous la trouverez également dans la Solidarité et la Compassion que vous offrirez aux autres ainsi qu'à vous-même.

La justice divine est présente et le karma n'oublie rien, ayez confiance que tout est juste et pour une raison. Ayez comme quête d'être chaque jour la meilleure version de vous-même et l'Univers vous offrira de grands bienfaits.

Maître Ascensionnée Lady Nada

Chers humains, la guérison dont votre cœur a besoin est grande. Elle vous amène vers des chemins tortueux de culpabilité, de jugements, de frustrations, de peurs et de colères. Vous vous retrouvez dans un tourbillon sans fin d'émotions négatives et de confusions. Vous n'êtes pas suffisamment rempli de Compassion et de Solidarité envers vous-même et vous n'accueillez pas suffisamment vos émotions. Et pourtant, celles-ci sont porteuses de grands messages pour vous, pour peu que vous ayez la sagesse de les accueillir et de les comprendre, car le chemin de la guérison passe d'abord par cet accueil bienveillant de vos émotions.

Vous n'êtes pas victimes des autres, mais bien de vous-même, de vos peurs, de vos croyances limitantes, de vos colères et quand vous refusez d'en comprendre le message, vous vous coupez de cette capacité de guérison et de connexion à votre Essence profonde. Soyez à la fois indulgent, mais aussi suffisamment courageux pour pouvoir affronter votre ombre et vos démons intérieurs, car c'est par cette mise en lumière que vous saurez ainsi faire rayonner votre propre beauté et votre propre lumière intérieure.

Sachez vous entourer, écouter la sagesse et les messages de l'Univers, qui sauront vous guider vers des pas plus grands que vous, car par cette guidance, vous saurez ainsi connecter à votre sagesse intérieure. Vous êtes plus grand et plus fort que vous ne le croyez et c'est dans cette force d'aller dans vos vulnérabilités que se trouvent les plus grands trésors de vérité sur vous !

Maître Ascensionnée Mère Teresa

Chers humains, vous êtes passionnants à regarder. Ce parcours d'humanité n'est pas si loin pour moi et j'en comprends la difficulté. J'ai donné sans compter, car je savais que c'était la voie à suivre, car la voie de l'Amour inconditionnel passe par le don de soi. C'est par Amour que j'ai tant donné et que j'ai tant voulu donner. J'ai aussi compris que c'est par l'argent qu'il est parfois possible d'aider. La terre est un milieu matériel et sans argent, hélas, l'aide possible est parfois limitée.

Dans mon rêve et dans mon désir d'accomplissement d'ajouter au mieux-être de l'humanité, d'offrir une main secourable aux plus démunis, une main remplie d'amour et de compassion, j'ai désiré une plus grande équité des ressources matérielles. Générer une plus grande capacité de compréhension que, c'est par cette compassion, cette bonté sans attente de retour, que réside la plus grande connexion à Dieu. Le désir d'Amour Universel n'est pas vain, mais est une quête bel et bien réelle et c'est à cette aspiration que j'ai voulu connecter et c'est à ce modèle d'Amour que j'ai voulu créer et transmettre.

Ce parcours a été difficile, plusieurs obstacles se sont dressés devant moi. C'est avec courage que je n'ai jamais renoncé à cette quête, ce désir de réaliser plus grand que moi et de faire comprendre l'Essence de l'Amour véritable. Beaucoup m'ont jugé, ne m'ont pas compris, mais c'est dans les mains de Dieu que j'ai remis chaque jour mon labeur et en lui que j'ai trouvé la foi et le courage d'accomplir ma mission.

Vous êtes grand et vous avez tous cette capacité de vous connecter à plus grand que vous. Soyez simplement confiant que ce que vous avez à offrir est parfois suffisant. Une main tendue apaise souvent des cœurs en pleurs et des âmes en peine. C'est dans ce don de soi que vous réaliserez que vous êtes assez et que vous portez en chacun de vous cet Amour Universel plus grand que vous.

Archange Uriel

Chers humains, le chemin de la sagesse semble tortueux pour vous. Vous oubliez que vous n'êtes que de passage dans une vie plus grande que vous. Vous ne savez pas à quel point vous êtes aimé et supporté. Vous êtes chéri et des enfants de Dieu. Chaque jour reposez vos peines, vos souffrances et vos douleurs dans les mains des archanges et des anges, car nous sommes le prolongement de Dieu.

Vous oubliez que vous savez, au fond de vous, ce qui est juste et bon, mais par ego, par doute, vous n'écoutez pas cette sage voix intérieure qui vous souffle tout bas le chemin de la repentance et de la guérison. Vous n'êtes pas suffisamment en connexion à votre essence divine qui vous invite au dépassement, à l'amour et au don de soi. Vous semblez croire que tout devrait être facile, que tout devrait se passer sans heurt et pourtant, vous oubliez que c'est par ce cheminement que vous vous rapprochez de votre unité et de votre divinité, car vous portez en chacun de vous cet amour de Dieu.

À la naissance vous êtes remplie de cet Amour Universel, que Dieu, dans son amour infini, vous insuffle. Il ne cesse chaque jour, par ses envoyés, les archanges, ses saints et ses anges de vous offrir soutien, amour et compassion, afin que ce cheminement soit plus léger et plus apaisé. Vous devez avoir cette foi que tout est juste et pour une raison et que c'est par ce cheminement que vous serez à la fois plus connecté et plus illuminé par cet Amour Divin !

Ange Ariel

Chers humains, vous êtes beaux, vous êtes grands, vous êtes puissants, vous l'oubliez souvent. Vous portez tous en vous cette capacité étonnante de guérison du corps, du cœur et de l'âme, mais vous ne savez pas la canaliser pleinement. C'est lorsque vous aurez accepté de canaliser pleinement à cette puissance que vous saurez que vous êtes un tout connecté à infiniment plus grand.

Vous remettez à tort votre pouvoir de guérison à des charlatans qui ne pensent qu'à leur argent. C'est en connectant pleinement à la nature, aux êtres vivants, à votre humanité que vous saurez trouver la voie de cette guérison. La réponse est bien souvent plus près que vous ne le croyez. La nature pourvoit à tout, mais cette voie a été détournée sans égards au bien de cette humanité, et sans respect pour cette terre si bienfaitrice qui sait tant, dans son infinie perfection, apporter les remèdes du corps, du cœur et de l'âme.

Vous tremblez devant vos difficultés, sans chercher profondément la source de vos maladies et de votre mal-être. Vous acceptez les solutions toutes faites qui n'apportent, hélas que de bien piètres apaisements à ce à quoi votre âme aspire. Vous acceptez de rejeter la faute sur les autres sans vous responsabiliser et sans écouter votre voix intérieure qui vous crie les réponses. Connectez-vous à la nature et ayez le courage d'écouter vos silences, car dans ces derniers se cache un trésor de vérité et de guérison. Soyez confiants que dans sa grandeur, Dieu guide vos pas et saura vous apporter les réponses que vous recherchez ici-bas.

Maître Ascensionné Serapis Bey

Chers humains, le défi de l'incarnation humaine est grand, car il vous repousse parfois dans vos derniers retranchements. Ce parcours est difficile, car il vous oblige chaque jour à voir plus grand, à être plus confiants et résilients. Il vous oblige à être plus connectés à cet Amour Divin qui est présent en chacun de vous, amour pour lequel vous doutez souvent.

Dans cette peur d'être abandonnés à vos doutes et vos souffrances, vous oubliez que de là-haut, nous veillons sur vous. Nous vous aimons tendrement, mais dans sa justesse l'Univers vous demande plus de sagesse. Il vous met à l'épreuve, afin de faire de vous des êtres plus grands, dans une version transcendée, renouvelée et surtout connectée à son infinité.

Chacun de vous a des défis karmiques qui lui sont propres et chacun de vous a des messages à saisir et à comprendre pour ainsi incarner de plus en plus cette humanité et cet amour que nous vous invitons à vivre au quotidien. Cet amour de vous-même, plusieurs d'entre vous se le refusent, dans cette peur et crainte de ne pas être assez. Vous oubliez que vos failles, vos zones d'ombre font partie de votre humanité. C'est là que réside tout le défi, de vous aimer dans cette imperfection qui vous rend tout simplement plus vrais et humains. Ne pensez pas que l'Univers vous juge, il vous met simplement à l'épreuve, dans son infinie bonté, l'Univers désire vous élever, mais désire également vous indiquer la voie à suivre pour y arriver.

Soyez confiants que nous guidons vos pas, si vous avez la sagesse de comprendre que c'est dans ce parcours qui fera de vous des êtres de plus en plus au diapason de cet amour Universel.

Archange Raphaël

Chers humains, les voies de la guérison sont multiples, mais la voie Universelle reste toujours l'Amour de soi. C'est dans cet amour que vous saurez vous connecter à plus grand que vous-même, mais aussi à générer en vous les éléments nécessaires à votre guérison. En prenant soin de vous, en écoutant vos besoins physiques et psychologiques, en respectant vos limites, en étant au diapason avec la nature féconde et prolifique, vous mettez tout en œuvre pour trouver l'apaisement de l'âme et du cœur, mais aussi d'apaiser les tourments du corps. Ces tourments étant bien souvent le reflet de ce manque d'Amour de soi. Par votre refus d'accueillir vos émotions et les messages qui se cachent dans votre parcours d'évolution, vous créez des résistances, des tensions, des pensées néfastes qui ont un impact réel sur votre capacité de guérison.

Soyez confiants que c'est en vous connectant à plus grand que vous et à la nature ainsi que dans la foi en cette capacité infinie de guérison que votre corps possède que vous trouverez les moyens les plus efficaces pour y parvenir. Écoutez la sagesse de votre corps et de la nature, laissez-vous porter dans la confiance, et vous trouverez les clés pour connecter à la paix du corps, de l'âme et de l'esprit.

Archange Michel

Chers humains, vous êtes infiniment bons quand vous savez vous connecter à cette humanité qui réside en chacun de vous. Vous doutez bien souvent de vous. Bien souvent par égo et par peur de vous montrer sous votre vrai jour qui est parfois rempli de vulnérabilité, vous vous repliez sur vous-même sans assumer pleinement ce qui vous caractérise et qui vous êtes.

Vous êtes dans un parcours d'âme et plus vous saurez démontrer empathie et compassion, plus vous saurez être porteurs de cette lumière infinie de l'Univers. Cette lumière, tout comme l'Amour Universel, vous habite, car vous êtes des enfants de Dieu et son prolongement sur terre.

Vous ne savez pas à quel point vous êtes aimés, chéris, accompagnés. Vous oubliez trop souvent de nous interpeller pour vous laisser guider par notre amour et notre guidance protectrice et salvatrice.

Par cette fermeture au plus grand que vous, vous fermez également votre esprit à la sagesse de Dieu et à sa capacité de guérison qu'elle peut vous apporter. Sachez accepter de ne pas tout comprendre et simplement être dans la confiance que là-haut, dans un infini plus grand, dans un infini plus beau, dans un amour infini, tout est là pour vous soutenir, afin que vous ne manquiez de rien. Aimez simplement, tendrement, avec compassion et bienveillance dans l'acceptation que l'autre n'est le reflet de votre propre imperfection et c'est dans celle-ci que vous saurez ainsi vous connecter à un plus grand amour de soi.

Archange Jérémiel

Chers humains, votre foi en Dieu est bien souvent défaillante. Et pourtant, cette foi en plus grand que vous est porteuse de beaucoup d'espoir et de délivrance. Lorsque vous pleurez, lorsque vous souffrez, sachez que vous n'êtes jamais seuls.

Nous, les archanges et les anges, vous accompagnons dans vos moments de faiblesse et de doutes, dans vos moments de vulnérabilités, mais aussi de force.

C'est cette force, à laquelle nous croyons fermement, et qui existe en chacun de vous, que nous désirons éveiller lorsque vous nous demandez avec humilité cette aide que nous vous apportons avec bienveillance. Ne croyez toutefois pas que cette aide arrivera par miracle et que tous vos soucis disparaîtront. Nous vous accompagnerons à alléger ce fardeau pour peu que vous ayez la sagesse de demander notre guidance, de reconnaître cette part en vous qui a soif d'amour, qui désire trouver ses repères et accepter cette souffrance comme une transition vers une plus grande évolution.

Lorsque vous aurez acquis cet état d'esprit, c'est avec conviction que nous déploierons toutes les synchronicités et mettrons les bonnes personnes sur votre chemin pour que votre âme trouve apaisement et élévation. Soyez assurés que nous sommes toujours présents pour vous. Osez déposer avec humilité vos souffrances et nous saurons vous accompagner à révéler cette réserve de force intérieure dont vous n'avez jamais soupçonné l'existence !

Ange Reiyel

Chers humains, vous êtes beaux, vous êtes grands ! Nous, les anges et les archanges, nous vous aimons tendrement. Nous constatons souvent que vous ne voyez pas assez grand, car vous vous limitez vous-même dans l'expression de qui vous êtes vraiment.

Vous êtes souvent dans vos peurs et vos doutes et, lorsque vous faites tout pour être acceptés et aimés, vous oubliez votre propre individualité. Vous devez apprendre à vous aimer suffisamment pour oser exprimer vos vraies couleurs et vos valeurs. Vous reconnaîtrez ainsi votre valeur et c'est dans celle-ci que vous saurez ainsi attirer des personnes qui reconnaîtront également la vôtre. Cet Amour de soi est bien souvent la clé pour attirer des personnes qui sauront vous aimer dans l'Acceptation de ce que vous êtes et ce que vous avez à apporter.

Sachez vous entourer de personnes bienveillantes et aimantes. Elles sauront vous apporter bien plus que vous ne le croyez. Par cette acceptation, elles vous inviteront également à accepter cette part d'ombre que, bien souvent, vous craignez de regarder. Ne doutez pas que plus vous saurez accepter ce qu'ils ont à vous apporter, les petits et grands enseignements d'amour qu'ils sauront vous livrer, plus vous serez à même d'apporter ce même amour en vous et autour de vous.

Maître Ascensionné Saint-Germain

Chers humains vous vivez dans un monde matériel qui bien souvent vous définit. Parce que vous avez, possédez et par les richesses, bien souvent futiles que vous accumulez, vous oubliez que ceci est loin d'être l'essence même de votre existence sur Terre. Plusieurs d'entre vous pensent que parce qu'ils ont beaucoup d'argent, de pouvoir ou qu'ils sont connus, ils sont plus importants. Et pourtant, c'est ce désir inassouvi de reconnaissance sociale, d'argent et de pouvoir qui bien souvent vous perd et vous fait oublier jusqu'à votre propre humanité envers votre prochain. Vous êtes alors dans une énergie de manque que désire combler votre ego. Et c'est cette énergie qui bien souvent vous éloigne de la réelle abondance divine et qui ne crée qu'un manque encore plus grand et un besoin inassouvi d'avoir toujours plus d'argent, de pouvoir ou de reconnaissance. Vous devez comprendre que l'argent est un moyen de subvenir à vos besoins et non une fin. Que le pouvoir est utile s'il permet de faire le bien, qu'être connu et reconnu est un moyen d'aider votre prochain.

La véritable abondance divine surviendra quand vous serez de plus en plus en communion avec les valeurs humaines profondes : compassion, solidarité, bienveillance, amour, non-jugement, don de soi. C'est lorsque vous saurez démontrer avec humilité ces valeurs, que vous saurez aussi reconnaître pleinement votre valeur dans une expression d'Amour de soi, que vous saurez apporter dans votre sillage l'abondance matérielle suffisante à vos propres besoins.

Pour être en synergie avec l'Univers, vous devez à la fois savoir donner, mais aussi recevoir et c'est dans cette danse qui vous permet à la fois d'apporter de la valeur (donner) et de reconnaître pleinement votre valeur (recevoir), que vous saurez accueillir pleinement l'abondance dans votre vie. L'Univers s'assurera alors que vous ne manquiez jamais de rien tant au point de vue matériel, relationnel que spirituel.

Ange Lehahiah

Chers humains, vous ne savez pas jusqu'à quel point vous êtes aimés, même quand vous trébuchez, que vous péchez par égoïsme et par avarice. Vous croyez à tort qu'un enfer existe, mais cet enfer c'est vous-même qui le créez en n'étant que centrés sur vos propres besoins. En ne pensant qu'à votre propre bien-être, sans souci de l'autre, par vos actions et paroles blessantes, sans égard à la souffrance que vous pouvez ainsi générer, tout ce que vous créez c'est plus de souffrance en vous et autour de vous. Vous devenez alors votre propre bourreau et le bourreau des autres, créant une synergie de violence et de douleur. Une douleur que vous tentez parfois d'atténuer en vous par des substituts éphémères : alcool, médicaments, drogues, qui ne font qu'au final vous rendre encore plus malheureux et complètement déconnectés de vos propres ressentis et émotions.

Pour vous sortir de ce cercle, vous devez accepter d'accueillir vos émotions avec bienveillance, car c'est le premier pas vers la connexion à votre humanité. C'est en acceptant les émotions de peur, de peine et de colère et en connectant sur ce qu'elles disent sur vous que vous saurez ainsi mieux vous comprendre, mais aussi développer cette empathie qui fera de vous un être moins victime des autres, car vous saurez reconnaître avec sagesse et discernement la juste part qui vous appartient.

Sachez avec bienveillance reconnaître et accueillir les émotions qui émergent et qui parlent de vous. Elles sauront vous porter des messages de transformations puissants qui sauront vous porter plus haut et plus loin dans votre cheminement.

Maître Ascensionné Maha Chohan

Chers humains, vous êtes grands, mais vous oubliez parfois que derrière cette grandeur se cachent aussi bien des souffrances et de la tristesse. Vous oubliez que c'est souvent par ce chemin que vous pouvez devenir encore plus grands, plus éveillés à cette grande humanité qui réside en chacun de vous.

Vous pensez trop, vous rationalisez trop, alors que c'est dans l'énergie du cœur que résident bien des réponses. Vous voulez être plus grands que nature par les possessions et par le paraître, alors que c'est dans cette capacité d'être dans la compréhension de la souffrance qui vous entoure et dans l'humilité d'être que se cache cette grandeur d'âme. C'est cette capacité qui vous rend justes, aimants, tolérants, accueillants de qui vous êtes et de ce que l'autre est et peut vous apporter.

Vous semblez penser que l'on vous doit quelque chose, que donner est conditionnel à recevoir. Personne ne vous doit rien et vous ne devez rien à personne. Toutefois, c'est dans cette capacité de donner et de recevoir que vous serez à même d'être en plus grand diapason avec l'Univers et à l'abondance qu'il désire vous apporter. Ce juste équilibre est requis pour vous permettre de vous ressourcer, de vous énergiser et ainsi recevoir tout l'Amour dont vous avez besoin pour évoluer, car c'est en acceptant de donner que l'on peut recevoir et c'est en acceptant de recevoir que l'on peut donner.

Sachez vous entourer et vous aimer suffisamment pour accepter des personnes bienveillantes dans votre vie et éloigner des personnes qui contribuent à diminuer votre estime de vous. Sachez vous élever sans nuire à autrui et sans vous diminuer devant les autres. Reconnaissez avec justesse et humilité qui vous êtes et faites votre chemin dans la confiance que ce que vous êtes et avez à livrer, apporter, donner est plus grand que ce que vous avez.

Archange Ariel

Chers humains, vous ne savez pas à quel point vous êtes aimés, vous êtes acceptés et enveloppés de cette lumière divine au quotidien. C'est parce que plusieurs d'entre vous rejettent cette lumière, car ils ne s'en sentent pas dignes, que ce chemin est si difficile. Or, ce rejet de vous-mêmes vous cause beaucoup de souffrance et de douleur. Vous devez entretenir, cultiver votre Amour de Soi : par des petits gestes pour prendre soin de vous, en vous entourant de personnes positives et bienveillantes qui sont dans l'acceptation de qui vous êtes, en développant vos talents et votre potentiel pour ainsi pouvoir contribuer à plus grand que vous et donner du sens à votre existence.

Vous semblez penser que vous devez faire et c'est ce que vous faites qui est important. Pourtant Être l'est tout autant : être présent, à l'écoute, compatissant, empathique, bienveillant est très grand, car cette capacité d'Être apporte également la paix du cœur et de l'âme.

Dieu, dans sa justesse et dans son Amour infini, ne vous veut que du bien. Il ne vous abandonnera jamais, c'est bien souvent vous qui vous vous abandonnez en vous laissant aller au désespoir et en acceptant tout avec fatalité. Dans ces moments de vulnérabilités, c'est à cette capacité de pouvoir et de force personnelle qu'il vous invite à reconnecter, car derrière celle-ci se cache la puissance de reconnexion à cet Amour et à cette Lumière divine qui réside en chacun de vous.

Maître Ascensionné Bouddha

Chers humains, plusieurs vénèrent mon passage sur terre et pourtant je n'ai été qu'un humain comme vous. Je me suis trompé, je suis parfois tombé et j'ai trébuché, j'ai parfois été vaniteux, orgueilleux et en colère. Le parcours terrestre est difficile et rempli d'embûche, nul n'y échappe. Dans ce parcours sur terre, malgré mes écueils, j'ai toujours gardé cet élan, cette envie d'insuffler un message plus grand, un message d'Espoir, de Lumière et d'Amour.

Chacun d'entre vous possède le pouvoir d'apporter le changement auquel vous aspirez. Vous aimeriez avoir plus d'amour ? Offrez l'amour. Vous aimeriez avoir plus de compassion ? Offrez la compassion. Vous aimeriez recevoir davantage ? Sachez donner davantage. Vous devez devenir ce à quoi vous aspirez dans ce monde. C'est en incarnant ce que vous désirez, que vous inspirerez les autres à faire de même et c'est dans ce changement que naissent de grandes mouvances qui apportent dans leurs sillages de véritables changements sociétaux profonds et durables.

Vous pensez n'être pas assez riches, influents, puissants, pour apporter ces changements, or vous êtes tout et assez ! Si chacun d'entre vous incarne de plus en plus des valeurs humaines qui apportent bienfaits et amour, vous saurez créer bien plus grand que vous. Ne sous-estimez jamais la puissance de l'Amour et de ce que vous pouvez apporter dans ce monde.

Maître Ascensionnée Dame Karashu

Chers humains, vous êtes grands, vous êtes puissants, mais cette force est savamment cachée en vous, afin que vous puissiez libérer ce trésor. C'est le périple d'une vie de se connecter à cette puissance intérieure qui réside en chacun de vous. Vous devez avoir la sagesse et la force d'aller en chercher l'essence.

Cette force n'est possible que lorsque vous êtes confrontés aux épreuves, aux aléas et aux événements de la vie. Vous ne pouvez faire un parcours d'ascension, sans avoir à surmonter des épreuves. Ce sont ces épreuves qui forgent votre caractère, testent votre endurance et qui vous permettent de vous révéler à vous-même. C'est votre persévérance, votre capacité à avoir foi en vous qui est mise à l'épreuve, afin que vous puissiez trouver les trésors de forces qui résident en chacun de vous.

Ne doutez jamais que nous sommes toujours présents pour vous accompagner dans ce chemin tortueux et bien souvent difficile. Nous déposons à bon escient des personnes, des événements, des guides qui vous accompagnant tout au long de ce périple, afin que vous puissiez de plus en plus vous connecter à plus grand que vous et vous inspirer à connecter à cette force intérieure qui vous permet d'être de plus en plus dans l'unité avec le grand tout.

Sachez que vous n'êtes jamais oubliés, perdus, car chaque humain sur cette Terre est protégé et aimé. Et ceux qui n'auront su offrir cet amour, qui n'auront pas su protéger auront karmiquement un prix à payer. Soyez tranquille, tout à un prix, dans cette vie ou dans une autre, car ce parcours d'ascension n'est présent que pour faire de vous une version de vous-même encore plus aimante, bienveillante et remplie de compassion.

Maître Ascensionné Ragoczy

Chers humains, vous ne savez pas ce qui vous attend. Plusieurs doutent et s'inquiètent à tort de ce qui se passe présentement. Les forces du mal battent à plein régime pour vous faire peur et pour vous ancrer dans celles-ci. Sans ombre, il n'y a pas de lumière et ce sont vos peurs et vos craintes que vous devez dépasser pour ne pas sombrer dans le désespoir d'un lendemain moins radieux. Dans les cieux, nous travaillons sans relâche pour éveiller le plus grand nombre à cesser d'être dans la servitude de ceux qui vous gouvernent, car ces derniers ne pensent bien souvent qu'à eux.

Le pouvoir, hélas, interpelle beaucoup d'hommes du mal, qui ne pensent qu'à s'enrichir et à leur propre confort matériel. C'est ce pouvoir de prendre des décisions, qui impacte bien souvent des nations, qui leur donne l'illusion d'être puissants, alors que la réelle puissance est en soi ! La liberté de choisir, de décider ce qui est bon pour soi est la seule et réelle puissance.

Plus vous serez dans l'entraide avec votre prochain, moins vous ne manquerez de rien, car ce pouvoir des foules, que ne peuvent maîtriser ces gens aveuglés par cette illusion de puissance, ne peut rien si les gens décident ensemble et avec solidarité de refuser cette servitude.

Archange Gabriel

Chers humains, nous veillons sur vous de là-haut et c'est avec beaucoup de bienveillance que nous nous demandons parfois pourquoi vous doutez tant de vous. Vous ne savez pas tous les trésors qui se cachent en vous et dans ce doute, tout ce que vous alimentez ce sont vos insécurités et vos peurs de ne pas être aimés, compris, acceptés. Vous vous cachez derrière des masques sans oser véritablement vous exposer et vous faire connaître dans toute votre vulnérabilité.

Vous ne comprenez ni ne saisissez l'ampleur de cette capacité de vous montrer sous votre vrai jour, en toute authenticité. C'est à votre humanité et à d'autres humains que vous vous connectez ainsi, car en chacun de vous, il y a une part d'ombre qui ne demande qu'à être exposée, afin qu'elle puisse être éclairée sous un nouveau jour et ainsi être libérée.

Plus vous tenterez de cacher, par ego, par peur, cette part d'ombre, plus vous vous éloignerez de votre capacité de l'affronter avec courage et ténacité. C'est dans cette capacité que vous pourrez ainsi devenir une version de vous-même transcendée, car vous aurez ainsi dépassé le jugement et le regard des autres qui vous limitent tant à vous exposer tels que vous êtes vraiment.

Sachez affronter vos doutes et vos peurs, car ils sont porteurs de grandes révélations et vous permettront d'activer davantage cette grandeur qui réside en chacun de vous.

Maître Ascensionnée Lady Radiant One
Ou Lady One

Chers humains, hélas trop d'entre vous doutent, croient à tort ou à raison, que la vie est injuste, que certaines choses n'ont pas lieu d'être et c'est avec désolation que j'entends ces paroles et ces pensées. J'en suis désolée, car lorsque vous doutez, lorsque vous remettez en cause tout, vous ne faites que disperser vos énergies de l'essentiel. L'essentiel étant que vous n'êtes pas sur Terre pour mériter quelque chose : succès, argent, pouvoir, mais bien parce que vous devez vous élever au-delà des composantes matérielles de cette vie terrestre.

Si bien sûr vous vivez dans un monde qui fait en sorte que sans argent vous ne pouvez subsister, ne soyez pas tentés de croire que c'est par cette accumulation que votre vie sera plus complète, plus remplie et plus significative. En croyant que l'extérieur peut vous combler, vous ne faites que sombrer dans les vices et combler des vides par l'avarice, la luxure et la nourriture. Vous tentez de geler des émotions trop souffrantes par des drogues et de l'alcool.

Plus vous serez en mesure de vous connecter à vos émotions et en comprendre les messages, plus vous serez en mesure de développer une sérénité et une capacité d'avancer et de progresser. Cette composante émotionnelle est essentielle dans cette connexion profonde à votre humanité et dans la guérison de votre âme que vous recherchez. C'est dans ce pouvoir de transformer vos émotions et de comprendre les messages qu'elles disent sur vous que vous serez plus à même de vous élever et de reprendre votre pouvoir personnel. Ne doutez pas que vous avez tous en vous cette capacité de vous connecter avec force et courage à cette zone d'ombre qui vous apportera un éclairage nouveau sur vous-même.

Maître Ascensionné Melchizedek

Chers humains, c'est avec plaisir et honneur que je clos ce recueil. Ce n'est pas un hasard, car c'est une invitation à connecter à votre feu intérieur et à votre pouvoir personnel. Vous êtes maîtres de votre vie et nul ne peut vous dicter quoi penser, quoi faire et comment agir, car vous seuls savez au fond de vous ce que votre âme désire accomplir et réaliser. Vous avez tous cette puissance en vous qui ne demande qu'à être révélée.

Sachez toutefois que ce pouvoir vous invite à la bienveillance envers vous-même, mais aussi envers les personnes qui vous entourent. Vous êtes sur un parcours terrestre où les erreurs, les écueils font partie du chemin. Ne pensez pas avoir acquis la toute-puissance si vous faites toujours à votre gré et à votre volonté, car ce pouvoir n'est bien aligné que lorsqu'il est teinté de respect et d'amour envers soi-même et les autres.

Vous pensez que vous seul savez, vous n'êtes pas si loin de la vérité, mais sachez également que dans sa justesse, l'Univers vous invite à connecter et à reconnaître la sagesse de personnes bien intentionnées qui ne cherchent qu'à vous aider, à vous élever. Chaque personne sur votre route à un message à vous délivrer ou une résilience à vous apporter, elles font partie de votre chemin d'évolution, car rien n'est un hasard et tout à un sens, si vous avez la sagesse d'en comprendre l'essence.

Notes personnelles

Notes personnelles

Notes personnelles

Notes personnelles

Notes personnelles

: **Notes personnelles**

Notes personnelles

# Notes personnelles

Notes personnelles

> # Notes personnelles

Notes personnelles

Notes personnelles

Notes personnelles

Notes personnelles

Notes personnelles

Notes personnelles

Notes personnelles

Notes personnelles

Notes personnelles

Notes personnelles

Notes personnelles

Notes personnelles

Notes personnelles

Notes personnelles

Notes personnelles

Notes personnelles

Notes personnelles

Notes personnelles

www.ingramcontent.com/pod-product-compliance
Lightning Source LLC
Chambersburg PA
CBHW071740040426
42446CB00012B/2410